# La seta

## Bernadette Gervais

Editorial EJ Juventud

# Las esporas

Las esporas son las células de reproducción de los hongos.
El hongo es a la seta lo que el árbol es al fruto.
Al microscopio se pueden ver distintas formas de esporas.

Se puede tomar la huella de las esporas
de una seta: se tiene que quitar el pie y
colocar el sombrero sobre una hoja de papel,
cubrirlo con un vaso y esperar una noche.
Por la mañana aparecerá la huella.

# Las formas de las setas

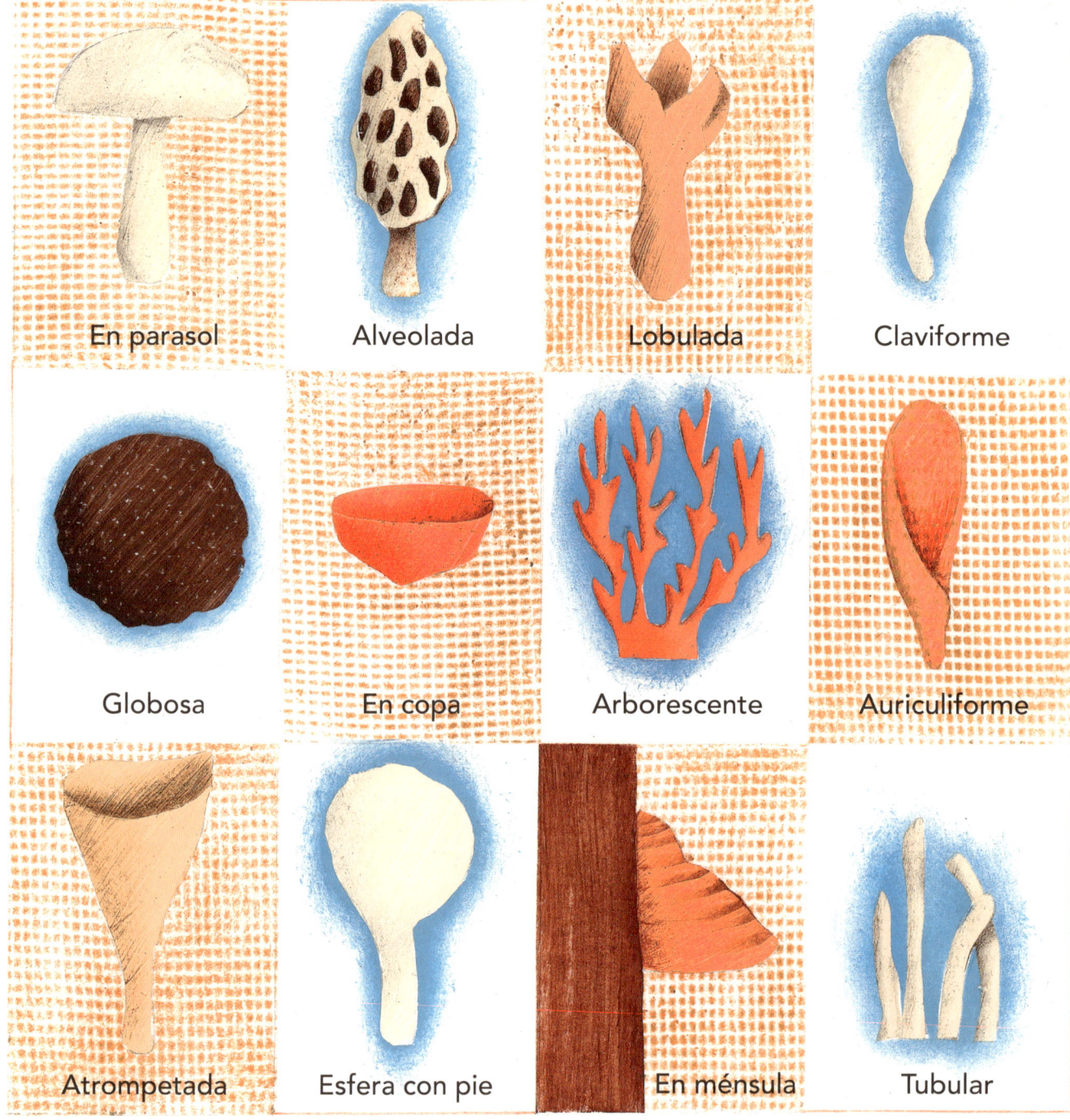

En parasol

Alveolada

Lobulada

Claviforme

Globosa

En copa

Arborescente

Auriculiforme

Atrompetada

Esfera con pie

En ménsula

Tubular

# ¿Dónde crecen las setas?

En los prados

En los troncos

Y bajo
los árboles

Sobre los tocones

# El desarrollo de la seta

Seta joven

# El ciclo de la seta

Las esporas caen
de las láminas.

La seta se abre.

Las esporas germinan.

Dos esporas
se encuentran.

El micelio
se desarrolla.

Se forman
las láminas.

Nace una seta.

# ¡No los confundas!

¡Cuidado, hay muy pocas diferencias entre una seta venenosa y una seta comestible!

Hay setas comestibles que se pueden consumir y otras tóxicas, muy peligrosas, ¡incluso mortales!
No toques ni recojas setas sin la supervisión de una persona experta.

# Setas comestibles

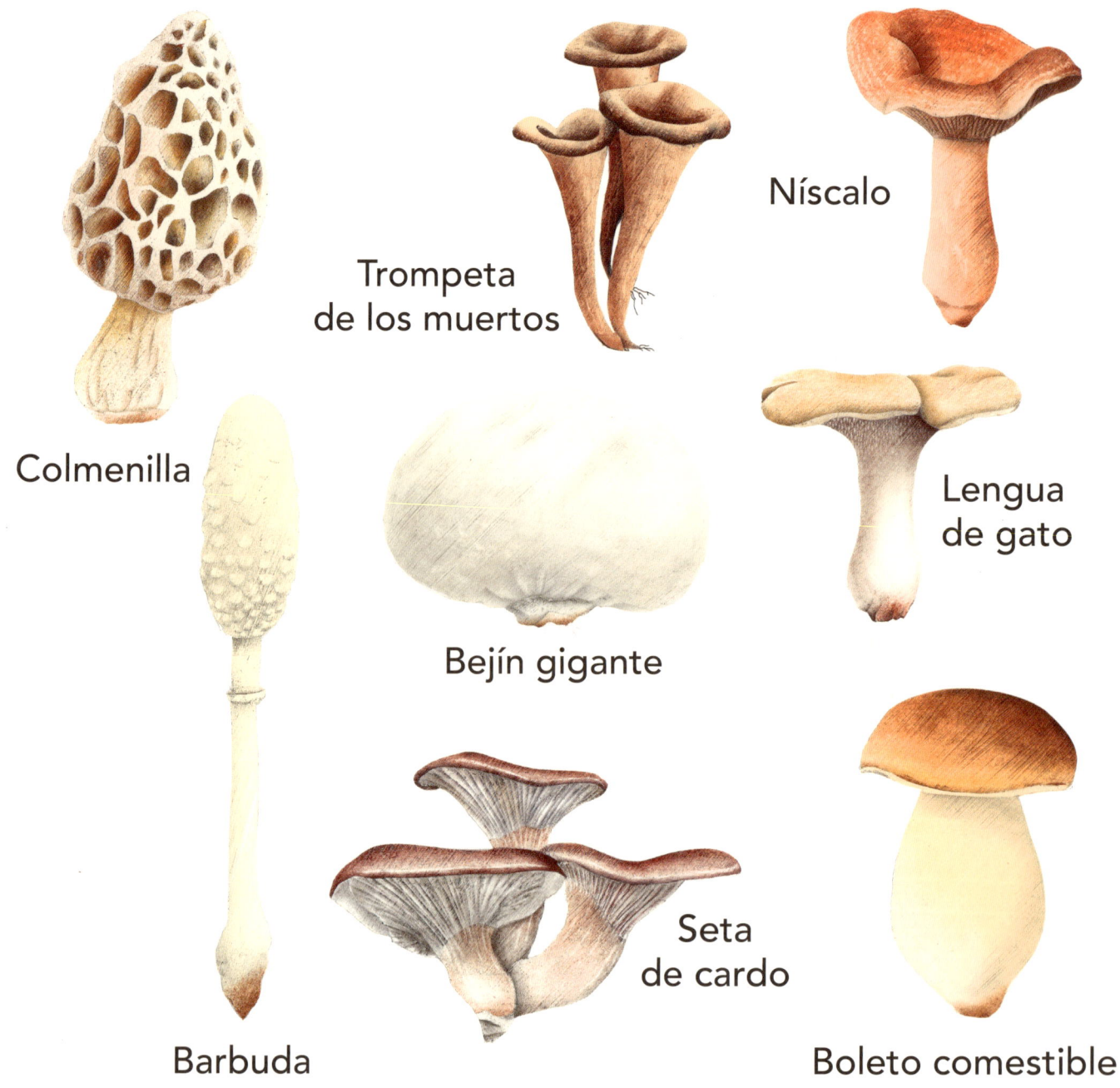

Colmenilla

Trompeta
de los muertos

Níscalo

Lengua
de gato

Bejín gigante

Barbuda

Seta
de cardo

Boleto comestible

# Setas venenosas

## ¡No las toques!

Amanita
pantera

Oreja
de gato
blanca

Rúsula
emética

Cortinario de montaña

Boleto de
satanás

Oronja verde

# Algunas setas peculiares

Trufas

Marasmio ruedecita

Estrella de tierra

Los bejines, que expulsan una nube de esporas.

# Hongos

Las setas son hongos pero
no todos los hongos son setas.
Las setas son la parte
reproductora de algunos
hongos.
Hay hongos microscópicos.

Moho

El hongo que encontramos sobre la fruta
es el *Monilinia fructigena*.

# Un fenómeno curioso

A veces, las setas crecen formando un círculo perfecto: es lo que se llama corro de brujas.

1 año

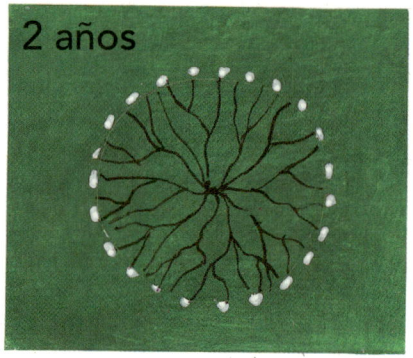
2 años

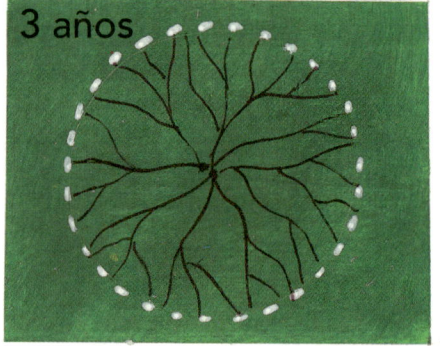
3 años

El micelio de ciertas setas de extiende de forma regular cada vez más lejos.

# Animales
# que comen setas

Ardillas

Caracoles

Antes

Babosas

Y algunos insectos:

*Mycetophagus*

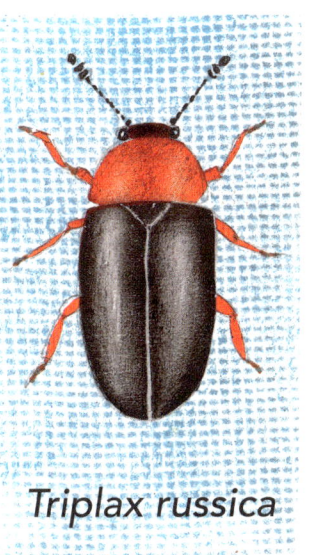

*Triplax russica*

Gusanos
dentro de la seta

Encuentra las 7 diferencias entre estas dos páginas.

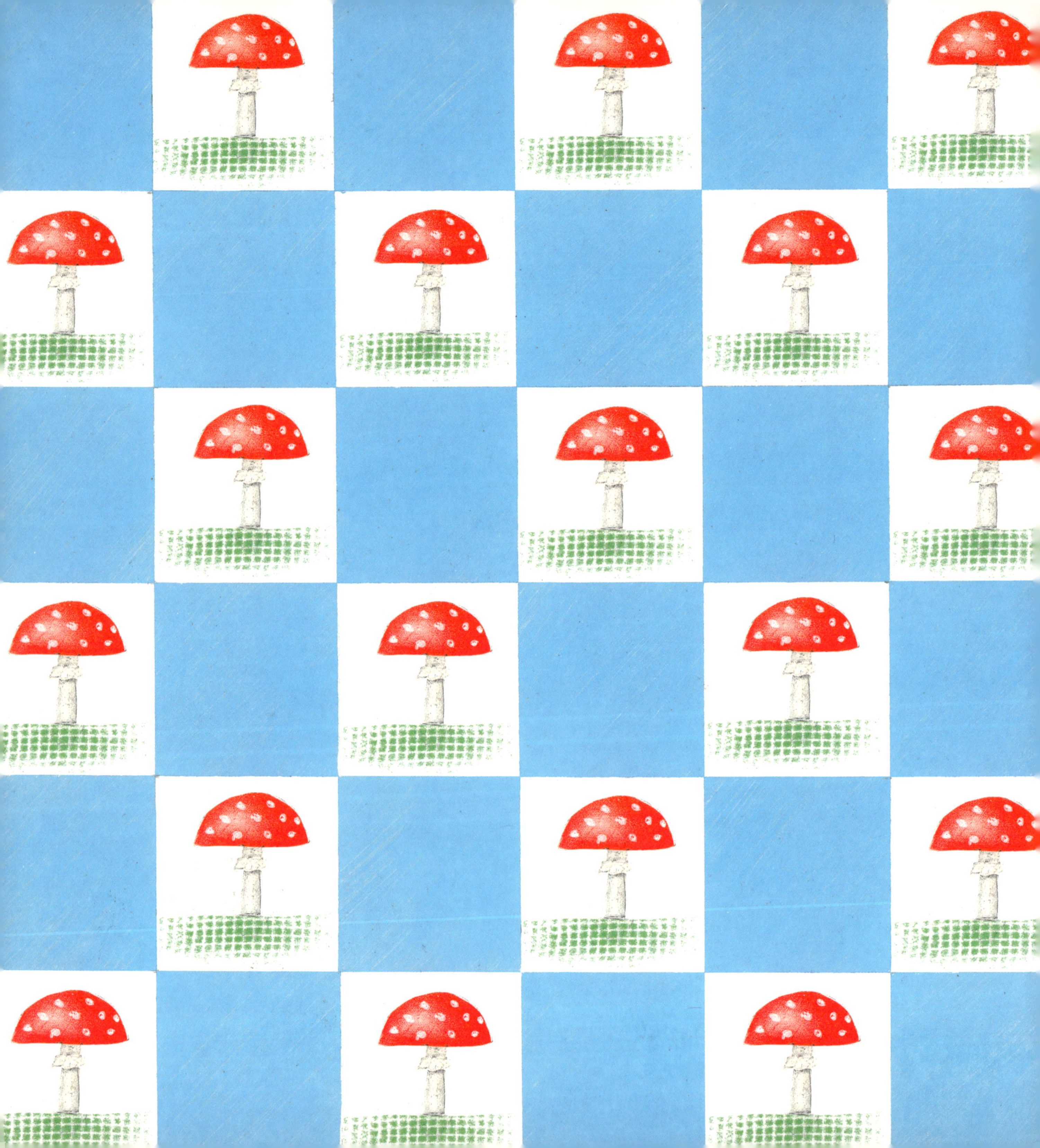